ÉMILE BELOT

SA VIE, SON ENSEIGNEMENT, SES TRAVAUX

DISCOURS

Prononcé à la Séance de rentrée des Facultés de Lyon
le 4 Novembre 1886

PAR

M. C. BAYET

PROFESSEUR A LA FACULTÉ DES LETTRES

LYON
IMPRIMERIE PITRAT AINÉ
4, RUE GENTIL, 4
1887

ÉMILE BELOT

SA VIE, SON ENSEIGNEMENT, SES TRAVAUX

DISCOURS

Prononcé à la Séance de rentrée des Facultés de Lyon
le 3 Novembre 1886

PAR

M. C. BAYET

PROFESSEUR A LA FACULTÉ DES LETTRES

LYON
IMPRIMERIE PITRAT AINE
4, RUE GENTIL, 4

1887

ÉMILE BELOT

SA VIE, SON ENSEIGNEMENT, SES TRAVAUX

DISCOURS

Prononcé à la Séance de rentrée des Facultés de Lyon
le 3 novembre 1886

PAR

M. C. BAYET

PROFESSEUR A LA FACULTÉ DES LETTRES

Monsieur le Recteur,
Messieurs,

Quand le privilège de l'ancienneté m'a valu l'honneur d'être chargé du discours de rentrée, j'avais songé à vous entretenir des étudiants au moyen âge, surtout de cet esprit d'association qui fit alors leur force et que nous sommes si heureux de voir renaître chez les étudiants d'aujourd'hui. Mais depuis notre Faculté des lettres a été cruellement frappée : le 30 septembre, elle a perdu en M. Belot un savant illustre, un professeur modèle, un parfait homme de bien. On était alors en vacances : parmi ses collègues, parmi ses élèves beaucoup n'ont pu assister à ses funérailles. J'ai considéré comme mon devoir de consacrer ce discours à vous parler de sa vie, de ses ouvrages, de son enseignement; j'aurai ainsi le douloureux honneur de rendre publiquement hommage, au nom de l'Université lyonnaise, à l'un des hommes qui lui ont été le plus passionnément dévoués.

M. Belot était né à Montoire en 1829. Bien que son père fût pharmacien, il appartenait par ses traditions de famille à la classe rurale, et il en avait conservé les goûts et comme la marque. L'amour du pays était resté chez lui très vif, il aimait à y retourner, à y vivre, il y préparait sa retraite. Ses ouvrages mêmes portent la trace de cette origine : quelque époque de l'histoire qu'il abordât, la campagne, ceux qui l'habitent et y travaillent, fixaient son attention. Dans l'histoire romaine, il a été l'avocat chaleureux de la plèbe rustique et de la noblesse campagnarde; dans ses études sur les États-Unis, c'est encore à ceux qui défrichent la terre que vont sans cesse ses sympathies.

Cependant l'Université l'a pris, et, bien que les rudes labeurs de la science et de l'enseignement aient abrégé sa vie, on peut dire que sa vocation fût bonne, car, depuis ses débuts jusqu'à sa mort, tous ceux qui l'ont connu l'ont toujours vu heureux de sa tâche et l'accomplissant avec passion. Il fut élève du collège Louis-le-Grand; sur les rayons de sa bibliothèque, de nombreux volumes attestaient quels y avaient été ses succès Les annales des concours généraux conservent quelques-unes de ses œuvres d'écolier. On a même retrouvé les notes de son proviseur; elles abondent en éloges sur le talent littéraire du rhétoricien; il s'y mêle cependant une restriction qui ne laissera pas que de vous étonner. On regrettait alors la faiblesse de M. Belot en histoire. Le regret était superflu : le meilleur moyen de se préparer aux études historiques n'est point d'apprendre beaucoup de faits ni de dates sur les bancs du lycée, mais bien d'acquérir cette forte culture littéraire qui exerce l'esprit, le développe et le rend capable d'aborder plus tard des recherches personnelles. M. Belot est resté toute sa vie un helléniste et un latiniste consommé : il ne reniait ni Homère ni Virgile, il pratiquait même leur culte, et ses fils m'ont appris que, jusque dans ses dernières lettres, il lui arrivait encore çà et là de semer sa prose de quelques vers latins improvisés au courant de la plume.

Ce reste de dévotion aux Muses antiques ne l'a point empêché de devenir un des historiens de notre temps les plus versés dans les questions économiques et sociales. Un goût naturel le portait vers ces dernières études, goût si vif qu'il faillit l'enlever à l'Université. Au sortir du Lycée, ce ne fut pas à l'École normale qu'entra d'abord M. Belot, mais bien à cette école d'administration, créée en 1848, qui fut bientôt supprimée, mais qui compte encore dans nos services publics et même dans l'enseignement lyonnais de brillants représentants. Ceux qui ont connu M. Belot pendant ces dernières années se le représenteraient peut-être mal dans le rôle d'un préfet ; mais ses collègues et ses lecteurs se rendent compte que, s'il eût continué dans cette voie, il aurait pu tenir une grande place dans les travaux d'un Conseil d'État. Notre collègue avait en effet une rare intelligence des faits d'ordre administratif et économique, qu'il s'agît de la société antique ou de la société moderne. C'était aussi un des côtés les plus originaux de son enseignement, et ses élèves me parlaient récemment encore avec admiration des leçons où il leur avait expliqué toute une partie de l'histoire du XVIe siècle par la question monétaire.

Quand l'École d'administration fut licenciée, M. Belot se présenta à l'École normale. Il y fut reçu premier en 1849 ; ce n'était pas un triomphe facile : parmi les candidats qu'il dépassait se trouvait, pour n'en citer qu'un, Prévost-Paradol, à qui ses compositions au concours général avaient déjà valu comme un commencement de réputation. Ce fut là, sous la direction de M. Chéruel, qu'il prit le goût de l'histoire. M. Fustel de Coulanges, qui entra l'année suivante à l'Ecole et qui fût dès lors l'ami de M. Belot, constate, dans une notice qui va paraître [1], que « l'étude des textes avait déjà pour M. Belot un grand attrait. Il était de ceux qui usaient le plus et le mieux de la riche bibliothèque de l'École; avec la connivence d'un camarade qui tenait les clefs de sous-bibliothécaire (c'est de lui-même que parle M. Fustel), il fouillait les rayons, maniait les

[1] *Revue historique*, nov.-déc. 1886.

livres, et tous deux apprenaient où ils devaient chercher plus tard les vérités historiques. »

Il sortit de l'École normale en 1852. Les normaliens n'étaient pas gâtés à cette époque : leur ardeur juvénile, leur esprit libéral, les faisaient mal voir. M. Belot assistait avec tristesse aux événements qui s'accomplissaient sous ses yeux. Il m'a raconté lui-même comment les lettres qu'il adressait alors à sa famille furent décachetées et faillirent amener l'arrestation de son père. Les jeunes professeurs étaient traités en suspects dès leur début, entourés de tout un réseau de délations et de persécutions mesquines. On venait de supprimer l'agrégation d'histoire et celle de philosophie comme dangereuses ; on ne conservait plus qu'une agrégation littéraire générale ; encore défendait-on aux normaliens de s'y présenter avant un délai de trois ans. On aurait supprimé l'Université, si on l'avait osé : tous ceux qui y sont entrés alors, sans distinction d'opinions, ne parlent encore qu'en termes indignés de la situation qu'elle subissait. Plusieurs parmi les normaliens reculèrent devant un tel avenir et s'engagèrent dans le journalisme ; d'autres acceptèrent courageusement la mauvaise fortune et ils contribuèrent à entretenir dans l'Université cet esprit d'indépendance qui a toujours été son honneur. M. Belot fut de ce nombre. Aujourd'hui, avec le rang qu'il avait occupé à l'École normale, on l'aurait aussitôt envoyé dans un lycée de première ou de deuxième classe, il serait bientôt arrivé à Paris ou maître de conférences dans une Faculté. En 1852, le grand Maître de l'Université le relégua non pas même professeur, mais simple régent de troisième au collège de Blois. En 1853, il passa à Orléans, comme professeur de quatrième; ce ne fut qu'en 1854 qu'on se décida à le nommer professeur d'histoire à Vendôme. Il y resta quatre ans. En 1858, on l'envoya à Strasbourg. Ce fut le point de départ d'une période nouvelle dans sa vie. Vous savez ce qu'était alors cette grande et noble cité de Strasbourg. Française de cœur, elle se préoccupait cependant à tous les points de vue de ce qui se passait au delà du Rhin. Ses Facultés, dénuées des ressources nécessaires, devaient se résigner à assister avec envie au prodigieux développement des Universités allemandes : mais du moins elles pouvaient opposer à l'étranger une élite de savants remarquables : à la Faculté des lettres, MM. Fustel de Coulanges, Janet; à la Faculté de théologie MM. Reuss, Schmidt, Lichtenberger; à la Faculté de médecine MM. Kuss, Hirtz, Schutzenberger, Sédillot; à la Faculté des sciences, MM. Pasteur, Bertin, Daubrée.

Ce milieu intelligent et actif convenait à M. Belot : bien qu'il eût peu de relations, il en subissait l'influence. Il semble qu'il ait rêvé à cette époque un vaste travail s'étendant à la fois à la philosophie, à l'esthétique, à l'histoire. On a même retrouvé dans ses papiers des recherches relatives à l'esthétique. Cependant l'enseignement du lycée l'absorbait, car il a toujours eu l'habitude de donner sans réserve son temps à ses élèves. Afin de gagner quelques heures de travail personnel, M. Belot, c'est un de ses amis de Strasbourg qui me l'apprend, se levait tous les jours à quatre heures du matin.

Bientôt il s'enferma pour quelques années dans l'étude de l'histoire romaine. C'est là, vous le savez, Messieurs, un terrain depuis longtemps livré à tous les procès et à tous les systèmes ; par une singulière rencontre, le peuple de l'antiquité dont nous sommes le plus voisins par notre langue et par notre civilisation, est en même temps celui dont il nous est le plus difficile de connaître à fond les institutions politiques. Pour les premiers siècles de Rome les documents originaux on disparu ; et, comme l'a dit M. Belot, les écrivains latins qui plus tard voulurent raconter ces temps anciens « se trouvèrent comme perdus au milieu d'une forêt de légendes qui, depuis plusieurs siècles, avaient envahi le domaine inculte de l'histoire ». Toutes ces obscurités mêmes, où semblent se perdre les origines de Rome, irritent l'historien moderne, surexcitent son imagination et sa critique : ainsi s'explique le nombre et l'importance des travaux consacrés de notre temps à l'ancienne Rome.

Au siècle dernier un Français avait de ce côté hardiment ouvert la voie. Dans sa *Dissertation sur l'incertitude des cinq premiers siècles de l'histoire romaine*, qui parut en 1738, de Beaufort avait démontré l'inanité des fables qui encombrent les origines de Rome ; mais depuis la France avait en quelque sorte abandonné le domaine où elle s'était d'abord si vigoureusement établie. Pendant la première moitié de ce siècle l'étude critique de l'histoire romaine était devenue une science presque exclusivement allemande. L'honneur d'avoir en quelque sorte reconstitué l'École française sur ce terrain, revient pour une large part à M. Belot et à M. Fustel de Coulanges. Liés à l'École normale, ils s'étaient retrouvés à Strasbourg et se voyaient beaucoup. « Nous ne causions guère que de nos travaux, m'écrivait récemment M. Fustel de Coulanges, des textes que nous trouvions; nous nous disputions quelquefois... Belot ne voyait presque personne en dehors de l'Université, moi de même. A vrai dire nous ne pouvions parler d'histoire que l'un avec l'autre. »

De ces longues et patientes recherches sortit l'*Histoire des chevaliers romains*, dont le tome I parut en 1866, le tome II en 1873. C'est l'œuvre capitale de M. Belot, et en même temps une des plus remarquables qui aient paru sur l'antiquité romaine. Comme il le dit lui-même au début « la méthode est sévère, et elle donne à tout ce livre l'aspect d'un bilan hérissé de chiffres : c'est la méthode arithmétique » . On reconnaît ici l'ancien élève de l'École d'administration : si peu soucieux du côté pratique dans sa vie de chaque jour, M. Belot était en histoire un calculateur attentif et ingénieux, tirant des chiffres, de la statistique, des évaluations de mesures et de monnaies les résultats les plus nouveaux.

Un grand fait, vous le savez, domine toute l'histoire politique de Rome depuis ses origines jusqu'à l'empire, la lutte du patriciat et de la plèbe. A chaque génération, elle reprend, ardente, implacable, tandis qu'au dehors Rome poursuit sans interruption la conquête du monde. Mais qu'est-ce que le patriciat ? Qu'est-ce que la plèbe ?

Sur ce point capital l'histoire est presque entièrement réduite à des hypothèses, M. Fustel de Coulanges avait abordé ce problème dans son beau livre de la *Cité antique*, qui avait paru en 1865. M. Belot à son tour essayait d'en donner une explication différente.

Au commencement de ce siècle, Niebuhr, le savant allemand qui a montré dans ces études l'imagination la plus vive, avait remarqué l'opposition qu'établissent les écrivains anciens entre le *populus* et la *plebs* : pour lui le peuple se compose des patriciens et de leurs clients, fixés à la ville; la plèbe, c'est la population de la campagne qui elle aussi a ses nobles et ses chefs, propriétaires, représentants des vieilles familles des municipes. La lutte qui s'engage est donc celle de Rome ville et de Rome campagne. Mais Niebuhr n'avait pas tiré de cette idée tout ce qu'elle contenait. M. Belot la reprend, en proclamant avec la plus vive admiration les titres de son devancier; il la développe, en étend les conséquences, la marque de son empreinte, et il explique par là toute la longue série des révolutions politiques de l'ancienne Rome. Le peuple urbain et la plèbe rustique ont des intérêts distincts et une organisation différente. Rome est le marché où affluent les campagnards, de là sa prospérité ; si la plèbe est mécontente du patriciat, elle menace de transporter ailleurs le marché : tel est le sens véritable des fameuses retraites sur le mont Sacré, sur l'Aventin, sur le Janicule. Ainsi la plèbe tient entre ses mains l'avenir de Rome et l'orgueil patricien doit sans cesse s'humilier devant elle. Entre ces deux populations toujours rivales, mais toujours associées, les tribuns servent d'ambassadeurs comme entre deux États, et M. Belot développe sur leur rôle une théorie originale et brillante qu'il devait reprendre plus tard sous la forme de thèse latine.

A cette idée maîtresse sur les relations du patriciat et de la plèbe vient se rattacher l'histoire des chevaliers intimement mêlés à la vie de l'État romain, si bien que, M. Belot le fait observer, pour s'occuper d'eux « il faut avoir étudié toute la constitution militaire, politique, religieuse, judiciaire de Rome depuis les rois jusqu'à Dioclétien ». De bonne heure recrutés en majorité dans la plèbe, ils forment à côté de la noblesse patricienne une noblesse équestre qui renverse toutes les barrières qu'on lui oppose et envahit le Sénat même, cette vieille forteresse de l'aristocratie urbaine. En 240 avant Jésus-Christ, après la première guerre punique, cette évolution est terminée, et désormais le mot de *populus* désigne la réunion des patriciens et de la plèbe.

Dans les deux derniers siècles de la République, l'ordre équestre, qui maintenant se recrute dans toutes les provinces du monde romain, fournit à l'État la plupart de ses hommes politiques, les Caton, Cicéron, Octave lui-même. Les chevaliers forment l'administration municipale des villes italiennes; financiers et banquiers, ils exploitent, sous le nom de publicains, les richesses de l'État, les douanes, les terres publiques, les impôts et les contributions des provinces ; enfin ils disputent les tribunaux au Sénat. Persécuté par Sylla l'ordre équestre se releva après lui. Malheureusement, mal dirigé au milieu des luttes des ambitieux et des factieux, il ne fut pas à la hauteur de son rôle, sa grandeur politique périt avec Cicéron qui, dit M. Belot, « mérita de mourir avec la liberté de son pays ». Sous l'empire, les chevaliers ne gardent plus que l'activité administrative et financière.

Il ne m'appartient pas de juger les théories de M. Belot. Il en est qui ont été acceptées de presque tous les savants et qui sont devenues en quelque sorte classiques ; d'autres ont provoqué et provoquent encore de vives discussions. C'est là le propre de tous les livres originaux ; en histoire il n'y a que les livres médiocres qu'on ne discute pas. Mais ceux mêmes qui ont combattu sur quelques points les idées de M. Belot ont toujours admiré l'étendue de son érudition et la force de sa critique. Le tome Ier de l'*Histoire des chevaliers* avait été aussitôt couronné par l'Académie française. Aujourd'hui on ne peut plus s'occuper d'histoire romaine sans recourir sans cesse à ce beau livre ; il est aussi connu, plus connu peut-être, à l'étranger qu'en France.

Ce n'est pas assez que d'y louer l'érudit qui ne recule jamais devant les recherches les plus minutieuses, le penseur aux vues profondes et ingénieuses. M. Belot est en outre un écrivain qui donne à ses idées une forme remarquablement énergique. Au milieu même des discussions les plus nourries de chiffres et de textes se détachent sans cesse des pages de grande allure, où il résume avec éloquence les résultats de ses recherches.

L'histoire romaine est pour lui un drame dont il suit les péripéties avec une émotion personnelle qui se communique au lecteur; il excelle à faire revivre les passions d'une époque et s'y mêle lui-même. Par là il est un des dignes représentants de cette École historique française qui a su joindre au souci de l'érudition le sentiment de la réalité.

Dans ces derniers temps il préparait une nouvelle édition de son livre. Nous espérions en retrouver les matériaux dans ses papiers. Malheureusement il est certain maintenant que rien n'en était rédigé ; l'exemplaire dont il se servait est, il est vrai, couvert de notes, mais lui seul aurait pu s'y reconnaître. C'est au travail préparatoire de cette seconde édition que se rattache un long Mémoire publié l'année dernière sur la *Révolution économique et monétaire qui eut lieu à Rome au milieu du* IIIe *siècle avant l'ère chrétienne.*

Lorsque M. Belot présenta comme thèse de doctorat en Sorbonne le deuxième volume des *Chevaliers romains*, il appartenait depuis un an à la Faculté des lettres de Lyon, après avoir passé plusieurs années au lycée de Versailles, et à Paris au lycée Henri IV. Notre Faculté, qui compte aujourd'hui vingt et un professeurs ou maîtres de conférences, n'en comptait alors que cinq, et M. Belot y était seul chargé de l'enseignement historique que représentent maintenant cinq professeurs. Il renonça à se cantonner dans l'histoire romaine. Au reste, nul n'était moins disposé que lui à s'enfermer à perpétuité dans un coin de l'histoire; il estimait qu'on ne comprend bien une époque qu'après en avoir étudié d'autres, et que les destinées des peuples s'éclairent réciproquement. Autant, dès qu'il avait choisi un sujet d'études personnelles, il y apportait une méthode rigoureuse et l'horreur des considérations superficielles, autant il aimait, par une curiosité naturelle de l'esprit, à s'initier aux connaissances les plus diverses. Quand on fonda à Lyon une chaire d'égyptologie, M. Belot fut quelque temps un des élèves les plus assidus de son nouveau collègue.

Pendant cinq ans, de 1873 à 1878, son cours fut consacré à l'histoire des États-Unis. Malgré l'éloignement des époques, la tendance qui le dirigeait de ce côté était la même qui, quelques années auparavant, l'avait conduit à l'histoire romaine. De part et d'autre il fallait suivre les destinées de grands États dont la rapide extension s'accompagne à l'intérieur de révolutions ; de part et d'autre il fallait rechercher comment la richesse et la civilisation se développent chez des peuples au caractère d'abord rude et pratique. Sous des formes différentes, M. Belot étudiait de nouveau ces problèmes politiques, économiques, sociaux, dont il avait une intelligence si profonde. Ces recherches devaient aboutir à une *Histoire des États-Unis* qui aurait compris plusieurs volumes, mais il en ajourna la publication et il se borna à détacher quelques Mémoires de l'ensemble de ses travaux sur l'Amérique.

Le plus étendu a paru dans l'*Annuaire de la Faculté des lettres de Lyon*, en 1884, sous ce titre : *Nantucket, étude sur les diverses sortes de propriétés primitives.* La question des origines et des modes primitifs de la propriété est de celles qui, de nos jours, ont le plus préoccupé les philosophes, les économistes, les historiens. D'après les uns, comme M. de Laveleye, comme M. Viollet, au début des sociétés, la tribu aurait d'abord possédé en commun les terres qu'elle exploitait et le partage entre les familles n'aurait eu lieu que plus tard. D'autres, au contraire, et en tête M. Fustel de Coulanges, soutiennent l'antériorité de la propriété familiale. Telle est aussi l'opinion de M. Belot, et si des villages, si des tribus même nous apparaissent possédant la terre en commun, c'est que ceux qui les composent se considèrent comme issus d'un même ancêtre, comme membres d'une même famille. Mais ces destinées de la propriété primitive se perdent ordinairement dans un passé lointain que nous entrevoyons à peine; l'histoire de la petite île américaine de Nantucket nous offre, d'après M. Belot, l'image de ce qui s'est passé dans ces temps anciens : vingt-sept colons anglais qui s'y établirent en 1671 connurent en un siècle les divers états de propriété des sociétés naissantes. « L'île de Nantucket, dit-il, a vu des hommes civilisés passer par degrés du communisme inséparable de la vie des premiers pasteurs à la propriété individuelle qui naît spontanément des progrès de l'agriculture... L'histoire nous fait assister ici à une épreuve semblable à celle du chimiste qui reproduit en petit au fond d'un creuset les immenses réactions qui ont constitué les roches primitives. »

Ainsi, à la lumière de faits tout voisins de nous, M. Belot éclaire l'histoire de la propriété aux origines de la Grèce, de Rome, de la Germanie. Ces ingénieux rapprochements prêtent à une objection qu'il ne se dissimulait pas; entre les colons de Nantucket, issus d'un peuple civilisé, et les peuplades primitives existent des différences essentielles. Ceux qui se livrent aux études comparées d'institutions rapprochent souvent les unes des autres des sociétés qui n'ont que quelques traits communs, les analogies mêmes qu'ils découvrent peuvent n'offrir que l'apparence de la réalité ou tenir à des causes fort diverses. On ne saurait trop leur souhaiter cette finesse et cette conscience dans l'analyse qui distinguent le mémoire sur Nantucket.

Cette année même, dans une séance publique de l'Académie des belles-lettres, sciences et arts de Lyon, M. Belot lut, comme discours de réception, une notice sur Benjamin Franklin qui, peu de personnes peut-être le savaient à Lyon, en fut membre correspondant. Avec autant de justesse que d'esprit, il retraça la physionomie de cet homme si habile et si pratique sous les dehors d'une bonhomie parfois affectée et qui devenait chez lui la plus adroite des diplomaties. Il en prit occasion pour montrer combien, dans la guerre d'indépendance des États-Unis, les causes économiques l'emportèrent sur les causes de pure politique.

Quelques années auparavant, l'Académie des sciences morales et politiques avait nommé M. Belot membre correspondant de l'Institut et, s'il avait quitté Lyon pour Paris, il en serait devenu membre ordinaire. L'occasion s'en était déjà présentée. Lorsque M. Zeller quitta l'École normale, on offrit à notre collègue de le remplacer; après quelques négociations qui n'aboutirent pas, il préféra rester à Lyon.

J'aime à croire que les affections profondes dont il se sentait entouré ont contribué à le retenir parmi nous. Il avait cependant subi ici une cruelle épreuve, il avait perdu celle qui avait été, dans toute la force du terme, la compagne de sa vie.

M. Belot avait épousé, presque au sortir de l'École normale, une de ses parentes qui ne lui apportait point de fortune, mais un courage vaillant pour affronter les épreuves de la vie. Quand il venait voir ses jeunes collègues, il aimait à leur raconter, avec sa gaieté toute faite de bonté et d'esprit, comment le jeune ménage à ses débuts n'avait pour faire tête aux nécessités de l'existence qu'un traitement de deux mille francs, guère plus que ce que gagne aujourd'hui un boursisr d'agrégation. Mme Belot avait été associée à toutes les pensées, à tous les travaux de son mari. Cette mort brisa l'existence de notre collègue; peu de temps après il ressentit les premières atteintes du mal qui devait lentement épuiser ses forces.

Pourtant les consolations ne lui manquèrent pas. Deux fils grandissaient auprès de lui et lui faisaient honneur : l'un d'eux, entré à son tour dans l'Université, y conservera la tradition de ce nom qui y est aimé de tous. Enfin notre collègue avait trouvé dans la Faculté une grande famille qui s'accroissait sans cesse de nouveaux professeurs. Chaque arrivant rencontrait chez lui l'accueil le plus cordial et le plus aimable ; sa bienveillance n'avait rien de banal, elle prenait avec chacun une forme particulière, personnelle. Dans l'organisation même de la Faculté il nous donnait les preuves les plus touchantes de désintéressement et d'abnégation.

Pendant cette dernière partie de sa vie, M. Belot a été avant tout un admirable éducateur de la jeunesse. Vous vous rappelez quelle fut pendant longtemps la situation des Facultés de lettres dans la plupart des villes : il n'était pas positivement défendu aux professeurs d'y avoir des élèves, mais cela passait au moins pour la marque d'un esprit bizarre. Le véritable professeur de Faculté était le plus souvent une sorte de prédicateur laïque; s'il ne savait pas attirer le grand public à ses cours, il devait se résigner à parler aux bancs. La Faculté de Lyon, je dois le dire, avait rompu avec ces traditions; depuis longtemps elle avait su grouper chaque année des étudiants sérieux. Mais, à partir de 1877, l'institution des maîtres de conférences, puis la création des bourses de licence et d'agrégation, réformèrent profondément tout notre enseignement supérieur : derrière les boursiers, les étudiants libres vinrent à leur tour, chaque année plus nombreux. M. Belot était à l'âge où l'on se défie volontiers des choses nouvelles; il aurait pu, sans qu'on eût le droit de le blâmer, réserver son temps pour les grands travaux qu'il avait entrepris et se tenir un peu à l'écart d'une organisation qui changeait toutes ses habitudes. Loin de là, il en fut le promoteur le plus enthousiaste, il s'y donna, on peut le dire, corps et âme. Par son autorité scientifique comme par son caractère, il était le chef naturel du groupe des professeurs d'histoire, et il nous étonnait par son ardeur. Ses conférences, qui devaient être d'une heure et demie, se prolongeaient deux ou trois heures ; il en donnait de supplémentaires, à condition qu'on ne les fît point porter sur l'affiche semestrielle : « Il voulait bien, disait-il, faire plus que sa tâche réglementaire, mais il ne voulait pas que l'administration le sût et se crût en droit d'en exiger autant d'autres professeurs. » D'ailleurs sa maison même était devenue une succursale de la Faculté, il y convoquait les étudiants pour travailler avec eux, leur livrait sa bibliothèque et jusqu'à ses notes. Il y a quelques années, il fit plus encore. Quelques-uns de nos candidats à l'agrégation, chargés de cours dans les lycées voisins, ne pouvaient venir que rarement à Lyon, une fois par semaine tout au plus. A Pâques, M. Belot sacrifia ses congés pour travailler avec eux, et, afin de leur éviter des frais de séjour, il leur offrit chez lui la table et le gîte. Pour ses élèves il oubliait tout, et ses travaux et sa santé. Quelques-uns des derniers Mémoires qu'il ait publiés, tels qu'une *Étude sur les artistes Pasitèle et Colotès*[1], une édition de *la République d'Athènes*, de Xénophon, ont eu pour point de départ des questions d'agrégation. Dans les commentaires dont il accompagna le texte grec de Xénophon il montra qu'il avait étudié la constitution d'Athènes avec autant de soin que celle de Rome. Il

[1] *Annuaire de la Faculté des lettres de Lyon*, 1883.

était alors professeur d'histoire moderne, mais sa tâche ne lui paraissait pas encore assez lourde, et il tenait à diriger chaque année l'explication d'un historien ancien.

Du moins il a eu la satisfaction de voir le succès répondre à ses efforts. Cette section d'études historiques à la Faculté de Lyon, dont il était l'âme, a déjà donné à l'Université six agrégés dont l'un est devenu rapidement notre collègue à la Faculté de Dijon ; elle a donné à l'École des chartes cinq élèves, dont l'un est sorti premier ; elle a préparé onze licenciés d'histoire. Au sein de cette jeunesse, M. Belot a trouvé la plus belle des récompenses, car aucun de ceux qui l'ont eu pour maître n'oubliera ni l'originalité puissante de son enseignement, ni son dévouement et sa bonté. Ceux qui se trouvaient ici à ses funérailles l'ont déjà témoigné ; depuis, les lettres que j'ai reçues de ses anciens élèves expriment la douleur la plus sincère et la plus touchante.

Mais M. Belot voyait au delà des intérêts d'une Faculté isolée ; ce qu'il voulait, c'était l'existence, c'était la grandeur de l'Université de Lyon. L'année dernière, à la séance particulière de rentrée de notre Faculté des lettres, il plaida cette cause, qui nous est si chère, avec une éloquence chaleureuse, et je crois juste de citer ici, devant les membres réunis de cette Université maintenant constituée, professeurs et étudiants, quelques-uns des termes dont il se servit : « Il s'agit, disait-il, de créer l'Université lyonnaise, non par une sorte de défection à l'Université de France qui est notre mère, non par un schisme intellectuel et moral, mais par une juste conscience des nécessités de la vie nationale sagement organisée, et surtout des nécessités de la vie intellectuelle d'un grand peuple... Il faudra tôt ou tard qu'il s'établisse de grands centres provinciaux d'études, se suffisant à eux-mêmes, comme sont en Allemagne les Universités de Bonn, de Gœttingue, d'Heidelberg, et dans la Grande-Bretagne celles d'Oxford, de Cambridge et d'Édimbourg. Il faudra qu'on puisse étudier à Lyon, à Bordeaux, dans quelques autres grandes villes aussi bien qu'à Paris, et que chaque Université provinciale ne soit pas obligée de demander à chaque instant à Paris ses élèves, ses livres, ses moyens de travail, et de s'en passer quand elle ne peut les obtenir... Déjà, au delà de la circonscription de l'Académie de Lyon, les contrées voisines nous envoient des élèves, et l'on peut entrevoir le jour où Lyon sera devenue la capitale intellectuelle d'une grande partie du sud-est de la France. »

Tel était l'homme dont notre Faculté tout entière pleure la perte et dont cette Université lyonnaise, qu'il a saluée de ses vœux, devra garder la mémoire. On exagère quelquefois l'éloge en parlant des morts ; parmi ceux qui ont connu M. Belot, il n'en est pas qui ne puisse vous dire que je suis resté au-dessous de la vérité. Que de services il aurait pu rendre encore aux études historiques! Malheureusement les forces manquaient à cette activité incessante et généreuse, et, au lieu de soigner sa santé profondément atteinte, il se tuait pour l'accomplissement d'un devoir professionnel qu'il exagérait au delà de toute mesure. Malgré tout, dans ce corps débile et usé, l'âme restait si jeune qu'on ne pouvait croire à un danger imminent. Il avait résolu de demander sa retraite, il aimait à parler de ses nouveaux projets, des ouvrages interrompus dont il allait poursuivre l'achèvement. C'est à ce moment que la mort est venue le frapper.

M. Belot n'avait pas eu le temps de formuler ses dernières volontés, ses fils les ont généreusement devinées. Ils n'ont pas voulu que sa bibliothèque, ses papiers, fussent exposés quelque jour à être dispersés, ils les ont donnés à la Faculté des lettres. C'est une des premières donations qui nous aient été faites, elle restera pour nous précieuse entre toutes. Nous retrouverons dans ses papiers les manuscrits entièrement rédigés de ses cours sur les États-Unis; nous espérons pouvoir les publier et sauver ainsi pour la science française une œuvre qui avait coûté tant d'efforts.

Messieurs les étudiants, sans distinction de Facultés, honorez le souvenir de cet homme de bien qui eût pour la jeunesse une si profonde affection. Il vous offre l'idéal d'une vie tout entière consacrée au devoir. Pour nous, nous sommes fiers d'avoir compté un tel maître dans nos rangs.

LYON. — IMPRIMERIE PITRAT AINÉ, 4, RUE GENTIL

www.ingramcontent.com/pod-product-compliance
Ingram Content Group UK Ltd.
Pitfield, Milton Keynes, MK11 3LW, UK
UKHW022155260726
13993UKWH00005B/2396

9 782329 412009